essentials

essentials liefern aktuelles Wissen in konzentrierter Form. Die Essenz dessen, worauf es als „State-of-the-Art" in der gegenwärtigen Fachdiskussion oder in der Praxis ankommt. *essentials* informieren schnell, unkompliziert und verständlich

- als Einführung in ein aktuelles Thema aus Ihrem Fachgebiet
- als Einstieg in ein für Sie noch unbekanntes Themenfeld
- als Einblick, um zum Thema mitreden zu können

Die Bücher in elektronischer und gedruckter Form bringen das Expertenwissen von Springer-Fachautoren kompakt zur Darstellung. Sie sind besonders für die Nutzung als eBook auf Tablet-PCs, eBook-Readern und Smartphones geeignet. *essentials:* Wissensbausteine aus den Wirtschafts-, Sozial- und Geisteswissenschaften, aus Technik und Naturwissenschaften sowie aus Medizin, Psychologie und Gesundheitsberufen. Von renommierten Autoren aller Springer-Verlagsmarken.

Weitere Bände in der Reihe http://www.springer.com/series/13088

Karin Nickenig

Betriebliches Anlagevermögen

Zugangs- und Folgebewertung im Überblick

Karin Nickenig
Mülheim-Kärlich, Deutschland

ISSN 2197-6708   ISSN 2197-6716   (electronic)
essentials
ISBN 978-3-658-19095-8   ISBN 978-3-658-19096-5   (eBook)
DOI 10.1007/978-3-658-19096-5

Die Deutsche Nationalbibliothek verzeichnet diese Publikation in der Deutschen Nationalbibliografie; detaillierte bibliografische Daten sind im Internet über http://dnb.d-nb.de abrufbar.

Springer Gabler
© Springer Fachmedien Wiesbaden GmbH 2017

Gedruckt auf säurefreiem und chlorfrei gebleichtem Papier

Springer Gabler ist Teil von Springer Nature
Die eingetragene Gesellschaft ist Springer Fachmedien Wiesbaden GmbH
Die Anschrift der Gesellschaft ist: Abraham-Lincoln-Str. 46, 65189 Wiesbaden, Germany

Was Sie in diesem *essential* finden können

- Definition, Einordnung und Gegenstand des betrieblichen Anlagevermögens
- Materielle und Immaterielle Güter
- Abnutzbare und Nicht abnutzbare Güter
- Zugangs- und Folgebewertung bei Aktivierung von Anlagegütern
- Abschreibung (planmäßig und außerplanmäßig)
- Geringwertige Wirtschaftsgüter
- Anlagen im Bau
- Anzahlungen
- Veräußerung von Anlagegütern

Vorwort

Dieses *essential* soll dem interessierten Leser einen kompakten und insbesondere verständlichen Einstieg in das Thema „Betriebliches Anlagevermögen" liefern und ihm eine Hilfe im beruflichen Arbeitsalltag sein.

Neben der Einordnung des Anlagevermögens in das betriebliche Rechnungswesen werden unter anderem der Aufbau dieses Teilbereichs der Bilanz, Inhalte, Zugangs- und Folgebewertung (inklusive außerplanmäßigen Abschreibungen), die Umsatzsteuer, Geringwertige Wirtschaftsgüter und weitere interessante Themen dargestellt. Ein Anspruch auf Vollständigkeit wird nicht erhoben.

Haben Sie Fragen oder Anmerkungen zu den Inhalten dieser Lektüre? Die Autorin Karin Nickenig freut sich sehr auf Ihre Rückmeldung unter office@karin-nickenig.de oder über Ihre Website (https://www.karin-nickenig.de/pages/kontakt.php).

Viel Erfolg bei der Reise durch das betriebliche Anlagevermögen.

Mülheim-Kärlich   Karin Nickenig
im Sommer 2017

Inhaltsverzeichnis

Abkürzungsverzeichnis

In der Anlage sehen Sie ein Abkürzungsverzeichnis zum besseren Verständnis.

AfA	Absetzung für Abnutzung
AO	Abgabenordnung
etc.	et cetera
EUR	Euro
GuV	Gewinn- und Verlustrechnung
HGB	Handelsgesetzbuch
u. a.	und andere
USt	Umsatzsteuer
z. B.	zum Beispiel

Das betriebliche Anlagevermögen (Überblick) 1

1.1 Betriebliches Rechnungswesen

Um das betriebliche Anlagevermögen richtig einordnen zu können, sei ein Blick auf den Aufbau des *betrieblichen Rechnungswesens* erlaubt.

Das betriebliche Rechnungswesen umfasst zwei große Teilbereiche: das *interne Rechnungswesen* und das *externe Rechnungswesen*. Diese werden im Folgenden dargestellt:

1.1.1 Internes Rechnungswesen

Beim *internen Rechnungswesen* handelt es sich um einen Teilbereich des Rechnungswesens, welcher nur für den internen Bereich bestimmt ist und nicht für externe Adressaten, wie z. B. Kunde oder Konkurrenz.

Das interne Rechnungswesen ist im Gegensatz zum externen Rechnungswesen gesetzlich nicht vorgeschrieben, sondern kann vom Unternehmer freiwillig im Unternehmen etabliert werden. Um jedoch kaufmännisch vernünftige Entscheidungen treffen zu können, ist das interne Rechnungswesen für sämtliche Unternehmen unbedingt zu empfehlen.

Der Teilbereich des internen Rechnungswesens ist zukunftsorientiert und beinhaltet im Rahmen der Kosten- und Leistungsrechnung u. a. Preiskalkulationen für Handelsware und Erzeugnisse (=vom Unternehmen selbst produzierte Güter) sowie die Möglichkeit von Soll-/Ist-Vergleichen bzw. Abweichungsanalysen. Der Betrieb soll in der Substanz für die Zukunft erhalten (evtl. erweitert) werden („Substanzerhaltungsgedanke").

© Springer Fachmedien Wiesbaden GmbH 2017
K. Nickenig, *Betriebliches Anlagevermögen*, essentials,
DOI 10.1007/978-3-658-19096-5_1

1.1.2   Externes Rechnungswesen

Das *externe Rechnungswesen* ist ebenfalls ein Bestandteil des betrieblichen Rechnungswesen und im Gegensatz zum internen Rechnungswesen gesetzlich vorgeschrieben. Regelungen zur Buchführungspflicht finden sich im Handelsgesetzbuch (HGB) und der Abgabenordnung (AO).

Mit dem vergangenheitsorientierten externen Rechnungswesen wird die Buchführung, also das Zahlenmaterial, welches die betrieblichen Geschäftsvorfälle dokumentiert und der Abschluss bezeichnet. Es ist der Bereich, der fremden Dritten, also Personen/Unternehmen/Institutionen außerhalb des eigenen Unternehmens zur Verfügung gestellt wird. Adressaten können beispielsweise das Finanzamt, die Banken, die Öffentlichkeit (je nach Publikationspflicht aufgrund der Rechtsform) u. a. sein.

Die Buchführung mündet am Ende eines Wirtschaftsjahres in die Komponenten Bilanz und Gewinn- und Verlustrechnung (GuV). Das diesem *essential* zugrunde liegende Thema „Betriebliches Anlagevermögen" gehört in die Bilanz, welche im folgenden Abschnitt dargestellt wird.

1.2   Einordnung und Aufbau des Anlagevermögens

In diesem Abschnitt erfolgt die Kurzdarstellung der Bilanzgliederung bevor der *Aufbau des Anlagevermögens* im Sinne des Handelsrechtes erläutert wird.

1.2.1   Die Bilanz – ein Überblick

Die *Bilanz* ist das Ergebnis des externen Rechnungswesens. Diese Komponente des Jahresabschlusses stellt eine Stichtagsbetrachtung dar. Es werden sämtliche Positionen auf der Vermögensseite (Aktiva) den Positionen der Kapitalherkunftsseite (Passiva) zum Bilanzstichtag (z. B. 31.12.xx) gegenüber gestellt.

In der nachfolgenden Abb. 1.1 „Aufbau der Bilanz" ist zu erkennen, dass die Vermögensseite, die sich auf der linken Seite der Bilanz befindet, nach Liquidierbarkeit (Aufwand hinsichtlich Umwandlung von Positionen in Barmittel) gegliedert ist, während die Kapitalherkunftsseite eine Gliederung nach Fristigkeit bzw. Fälligkeit ausweist.

Abb. 1.1 Aufbau der
Bilanz nach § 266 HGB

Aufbau der Bilanz (stark vereinfachte Darstellung)

AKTIVA   Bilanz zum 31.12.xx   PASSIVA

| Anlagevermögen | Eigenkapital |
| Umlaufvermögen | Fremdkapital |

⇧ Gliederung nach
Liquidierbarkeit

⇧ Gliederung nach
Fälligkeit

Die hier stark vereinfachte Darstellung des Aufbaus der Bilanz ist für Kapitalgesellschaften im § 266 HGB[1], für Nichtkapitalgesellschaften im § 247 HGB[2] zu finden.

In den nachfolgenden Abschnitten wird auf die Zusammensetzung des betrieblichen Anlagevermögens abgestellt. Die übrigen Positionen werden bei der Betrachtung weitestgehend außen vor gelassen.

1.2.2 Das betriebliche Anlagevermögen

Das *betriebliche Anlagevermögen* ist der Teil der Aktivseite, welcher dazu bestimmt ist, dem Betrieb dauerhaft (für betriebliche Zwecke) zu dienen. Es wird hinsichtlich der Zuordnungsabsicht vom Zeitpunkt des Zugangs des Anlagegutes ausgegangen. Dauerhaft bedeutet in diesem Zusammenhang, dass die betriebliche Nutzung mindestens im Rahmen eines Jahres erfolgen soll. Ändert sich zwischenzeitlich die Nutzungsabsicht der Güter, so ist gegebenenfalls eine Umbuchung in das Umlaufvermögen notwendig.

Beispiel „Zuordnung zum Anlagevermögen"

Unternehmer U kauft einen Pkw, den er mindestens zwei Jahre für betriebliche Zwecke nutzen möchte. Er ordnet dieses Anlagegut berechtigterweise dem Anlagevermögen zu.

Vier Wochen später, nachdem er den Pkw einige Male im Einsatz hatte, fasst Unternehmer U den Entschluss, den Pkw noch innerhalb der nächsten zwei Monate zu verkaufen.

Fazit: Unternehmer U beabsichtigt eine Nutzungsänderung des vorgenannten Fahrzeugs. Er hegt nicht mehr die Absicht (wie zum Erwerbszeitpunkt), den Pkw länger als ein Jahr betrieblich zu nutzen, sondern möchte ihn nach aktuellem Stand innerhalb der nächsten beiden Monate veräußern. Folglich muss Unternehmer U den Pkw ins Umlaufvermögen umbuchen. Wie Unternehmer U weiß, befinden sich im Umlaufvermögen Güter und sonstige Positionen, die innerhalb eines Jahres verkauft, verbraucht oder zumindest verändert werden. Planmäßige Abschreibungen für Güter des Umlaufvermögens werden grundsätzlich nicht durchgeführt. Hier gibt es – im Bedarfsfall – nur die außerplanmäßige Abschreibung, auf die später noch einzugehen sein wird.

1.2.2.1 Immaterielle Vermögensgegenstände

Die *immateriellen Vermögensgegenstände* sind solche Güter, die nicht körperlich, also immateriell, sind. Hierzu zählen insbesondere Rechte, Lizenzen, Konzessionen u. a.

Immaterielle Güter können sowohl <u>abnutzbar</u> als auch <u>nicht abnutzbar</u> sein. Zu den abnutzbaren Gütern zählen z.B. entgeltlich erworbener (derivativer) Firmenwert, Software. Nicht abnutzbare immaterielle Güter sind beispielsweise bestimmte Konzessionen.

1.2.2.2 Sachanlagen

Bei den *Sachanlagen* handelt es sich um <u>materielle</u>, also körperlich greifbare Güter. Hierzu zählen beispielsweise Maschinen, Grundstücke, Gebäude, Fahrzeuge (Pkw, Lkw u. a.).

Auch hier gibt es Güter, die <u>abnutzbar</u> sind und solche, die <u>keiner planmäßigen Abnutzung</u> unterliegen.

Zu den abnutzbaren Gütern zählen beispielsweise der Pkw oder das betriebliche Gebäude. Grundstücke gehören hingegen nicht zu den Gütern, die einer planmäßigen Abschreibung unterliegen. Diese wären jedoch außerplanmäßig abzuschreiben, wenn der Wert des Grundstücks dauerhaft – beispielsweise aufgrund eines unvorhergesehenen Ereignisses – gemindert wären.

1.2.2.3 Finanzanlagen

Dem Bereich der *Finanzanlagen* sind beispielsweise Beteiligungen oder Wertpapiere zuzuordnen, die ebenfalls dauerhaft dem Betriebsvermögen zuzuordnen sind. Sie sind zeitlich <u>nicht begrenzt nutzbar</u>, unterliegen also nicht der planmäßigen Abschreibung.

Für den Fall, dass mit den Wertpapieren beispielsweise Spekulationsgeschäfte beabsichtigt sind (also Geschäfte, bei denen Wertpapiere innerhalb eines Jahres gekauft und wieder veräußert werden), sind diese in der Bilanz im Umlaufvermögen – unterhalb des Anlagevermögens – zu erfassen.

1.2.3 Gewillkürtes und notwendiges Betriebsvermögen

Ob ein Gut dem Betriebsvermögen zugeordnet wird, hängt vom Umfang der betrieblichen Nutzung ab. Hinsichtlich der Zuordnung unterscheidet man zwischen

- Notwendiges Privatvermögen
- Gewillkürtes Betriebsvermögen
- Notwendiges Betriebsvermögen

Wird das jeweilige Anlagegut zu <u>weniger als 10 % betrieblich</u> genutzt, handelt es sich um <u>notwendiges Privatvermögen</u>. Das Gut wird dann nicht in der Bilanz aktiviert. Betriebliche Aufwendungen (z. B. bei betrieblicher Nutzung des privaten Pkw) können jedoch gewinnmindernd als Aufwandseinlage erfasst werden.

Erfolgt die betriebliche Nutzung <u>zu mehr als 10 % jedoch zu weniger als 50 %</u>, dann handelt es sich um sogenanntes <u>gewillkürtes Betriebsvermögen</u>, wenn sich der Steuerpflichtige zur Bilanzierung des Gutes entscheidet. Er könnte aber das Anlagegut auch dem Privatvermögen zuordnen. Beide Varianten sind in dieser Situation denkbar.

Bei einer <u>betrieblichen Nutzung von mehr als 50 %</u> handelt es sich um <u>notwendiges Betriebsvermögen</u>. Das Anlagegut ist in dieser Situation unbedingt zu bilanzieren und gegebenenfalls abzuschreiben, sofern es sich um ein abnutzbares Gut handelt.

Nachfolgendes Schaubild Abb. 1.2 soll die jeweilige Situation verdeutlichen:

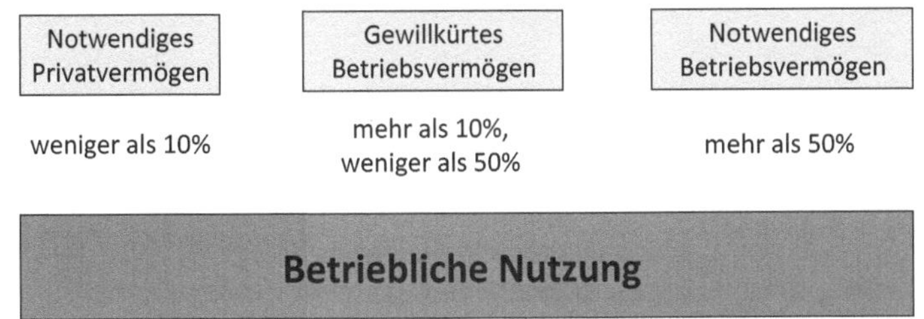

Abb. 1.2 Zuordnung zum Betriebsvermögen

Quellenverzeichnis

Bundesministerium für Justiz und Verbraucherschutz

1. https://www.gesetze-im-internet.de/hgb/__266.html; Abruf am 25.06.2017
2. https://www.gesetze-im-internet.de/hgb/__247.html; Abruf am 25.06.2017

Ein bilanzierender Unternehmer hat stets bei der Bilanzierung das jeweilige Anlagegut im Rahmen einer Erst- bzw. Zugangsbewertung zu erfassen und dieses – falls es sich um ein abnutzbares Gut handelt – auch planmäßig abzuschreiben. Im vorliegenden Kapitel wird daher zunächst die Zugangsbewertung unter Berücksichtigung möglicher Preisnachlässe durch den Verkäufer beleuchtet. Im Anschluss wird die Folgebewertung unter Beachtung unterschiedlicher Abschreibungsmethoden dargestellt. Die Besonderheit der außerplanmäßigen Abschreibung wird ebenfalls betrachtet.

2.1 Zugangsbewertung

Die *Zugangsbewertung* kann mit einem sogenannten (primären) Bewertungsmaßstab wie Anschaffungs-, Herstellungskosten oder Einlagewert erfolgen. Die Zugangsbewertung erfolgt bei vorsteuerabzugsberechtigten Unternehmern stets netto. Bei Unternehmern, welche keine Vorsteuerabzugsberechtigung besitzen, ist die Aktivierung brutto, also inklusive der Umsatzsteuer durchzuführen.

2.1.1 Anschaffungskosten

Die Anschaffungskosten sind im § 255 HGB[1] definiert:

§ 255 HGB – Bewertungsmaßstäbe

(1) Anschaffungskosten sind die Aufwendungen, die geleistet werden, um einen Vermögensgegenstand zu erwerben und ihn in einen betriebsbereiten Zustand

© Springer Fachmedien Wiesbaden GmbH 2017   7
K. Nickenig, *Betriebliches Anlagevermögen*, essentials,
DOI 10.1007/978-3-658-19096-5_2

zu versetzen, soweit sie dem Vermögensgegenstand einzeln zugeordnet werden können. Zu den Anschaffungskosten gehören auch die Nebenkosten sowie die nachträglichen Anschaffungskosten. Anschaffungspreisminderungen, die dem Vermögensgegenstand einzeln zugeordnet werden können, sind abzusetzen. [...][1]

Hiernach können die Anschaffungskosten, die einem zu bilanzierenden Gut zuzuordnen sind, stark vereinfacht nach folgender Berechnungsformel ermittelt werden:

Berechnung der Anschaffungskosten nach § 255 (1) HGB[1]	
	Kaufpreis
+	Anschaffungsnebenkosten (sofern diese einzeln zugeordnet werden können)
+	Nachträgliche Anschaffungskosten
./.	Preisnachlässe (Rabatte, Boni, Skonti o. ä.)
+	Nicht abzugsfähige Vorsteuer
=	**Anschaffungskosten**

Zum besseren Verständnis ein kleines Zahlenbeispiel:

Beispiel „Anschaffungskosten eines Anlagegutes"
Unternehmer U (bilanzierender und vorsteuerabzugsberechtigter Einzelunternehmer) kauft ein betriebliches, unbebautes Grundstück für 100.000,00 EUR. Für dieses Grundstück sind im Rahmen des Erwerbs Nebenkosten in Höhe von 8700,00 EUR (netto) angefallen. Die Kosten setzen sich wie folgt zusammen: Grunderwerbsteuer 5000,00 EUR, Notarkosten (netto) 2000,00 EUR, Reisekosten (netto) 500,00 EUR und restliche Anschaffungsnebenkosten (1200,00 EUR). Die angefallene Vorsteuer wurde von der Buchhalterin des Unternehmers U korrekt erfasst.

Die Anschaffungskosten errechnen sich wie folgt:

Kaufpreis		100.000,00 EUR
+ Anschaffungsnebenkosten		
Grunderwerbsteuer	5000,00 EUR	
Notarkosten	2000,00 EUR	
Reisekosten	500,00 EUR	
Sonstige Anschaffungsnebenkosten	1200,00 EUR	8700,00 EUR
Anschaffungskosten gesamt		**108.700,00 EUR**

Die Anschaffungskosten des unbebauten Grundstücks belaufen sich auf netto 108.700,00 EUR, welche in der Bilanz zu aktivieren sind. Eine <u>Abschreibung erfolgt nicht</u>, da es sich bei einem Grundstück um ein nicht abnutzbares Anlagegut handelt.

Sollte für die Anschaffung des Grundstücks ein Darlehen durch den Unternehmer aufgenommen worden sein, sind die hierfür zu zahlenden Zinsen Betriebsausgaben. Sie <u>dürfen nicht</u> aktiviert werden.

▶   Zinsen sind im Rahmen des Anschaffungsvorgangs nicht zu aktivieren. Die Zinsen gehören stets zu den Betriebsausgaben.

2.1.2 Herstellungskosten

Bei den *Herstellungskosten* handelt es sich um Kosten, die in den Fällen entstehen, wo Güter im Unternehmen selbst erstellt werden. Gesetzlich geregelt sind diese – wie die Anschaffungskosten – im § 255 HGB:

§ 255 HGB – Bewertungsmaßstäbe

[…] (2) Herstellungskosten sind die Aufwendungen, die durch den Verbrauch von Gütern und die Inanspruchnahme von Diensten für die Herstellung eines Vermögensgegenstands, seine Erweiterung oder für eine über seinen ursprünglichen Zustand hinausgehende wesentliche Verbesserung entstehen. Dazu gehören die Materialkosten, die Fertigungskosten und die Sonderkosten der Fertigung sowie angemessene Teile der Materialgemeinkosten, der Fertigungsgemeinkosten und des Werteverzehrs des Anlagevermögens, soweit dieser durch die Fertigung veranlasst ist. Bei der Berechnung der Herstellungskosten dürfen angemessene Teile der Kosten der allgemeinen Verwaltung sowie angemessene Aufwendungen für soziale Einrichtungen des Betriebs, für freiwillige soziale Leistungen und für die betriebliche Altersversorgung einbezogen werden, soweit diese auf den Zeitraum der Herstellung entfallen. Forschungs- und Vertriebskosten dürfen nicht einbezogen werden.[…][1]

Kurz gefasst können die Herstellungskosten nach folgender Berechnungsformel ermittelt werden:

Berechnung der Herstellungskosten nach § 255 (2) HGB[1]

	Materialeinzelkosten
+	Fertigungseinzelkosten
+	Sondereinzelkosten der Fertigung
+	Materialgemeinkosten (angemessene Anteile)
+	Fertigungsgemeinkosten (angemessene Anteile)
+	Werteverzehr des Anlagevermögens (soweit durch Fertigungsprozess veranlasst)
	Zuzüglich möglich: weitere Kosten, sofern diese auf den Produktionsprozess entfallen:
(+)	Wahlrecht: Kosten der allgemeinen Verwaltung (angemessene Anteile)
(+)	Wahlrecht: angemessene Aufwendungen für soziale Einrichtungen des Betriebs
(+)	Wahlrecht: freiwillige soziale Leistungen (angemessene Anteile)
(+)	Wahlrecht: betriebliche Altersversorgung (angemessene Anteile)
=	**Herstellungskosten**

Zur Verdeutlichung soll nachfolgendes Beispiel dienen:

Beispiel „Herstellungskosten eines Anlagegutes"

Unternehmer U (bilanzierender und vorsteuerabzugsberechtigter Schreiner) stellt einen Schreibtisch für sein eigenes Unternehmen selbst her. An Kosten (netto) sind angefallen: Löhne 500,00 EUR, Material: 1200,00 EUR, Energiekosten: 400,00 EUR, sonstige Materialgemeinkosten: 400,00 EUR.

Die Herstellungskosten errechnen sich wie folgt:

	Materialeinzelkosten	1200,00 EUR	
+	Materialgemeinkosten	400,00 EUR	
=	Materialkosten		1600,00 EUR
	Fertigungseinzelkosten	500,00 EUR	
+	Fertigungsgemeinkosten	400,00 EUR	900,00 EUR
	Herstellungskosten gesamt		**2500,00 EUR**

Der Schreibtisch ist im Rahmen der anderen aktivierten Eigenleistung mit den Herstellungskosten in Höhe von 2500,00 EUR in der Bilanz auf der Aktivseite, auf einem Anlagekonto, zu erfassen. Andere aktivierte Eigenleistungen sind immer dann gegeben, wenn bereits als Betriebsausgaben gebuchte Aufwendungen, die den Gewinn jedoch noch nicht schmälern dürfen, auf ein Erlöskonto („andere aktivierte Eigenleistungen") gebucht werden, um die zuvor gebuchten Betriebsausgaben zu neutralisieren.

Denn: nach der Aktivierung des Anlagengutes wird dieses über die Laufzeit der Nutzungsdauer abgeschrieben. Dies entspricht dem Vorgang bei gekauften Gütern. So hat der Produzent eines Erzeugnisses (hier: Schreibtisch) <u>keinen Vorteil</u> gegenüber dem Käufer eines Schreibtisches. Hinsichtlich der abzugsfähigen Vorsteuer sind im vorliegenden Fall keine Korrekturen erforderlich.

Hinsichtlich der Zinsen für die Herstellung ist noch folgendes nach § 255 (3) HGB zu beachten:

§ 255 HGB – Bewertungsmaßstäbe

[…](3) Zinsen für Fremdkapital gehören nicht zu den Herstellungskosten. Zinsen für Fremdkapital, das zur Finanzierung der Herstellung eines Vermögensgegenstands verwendet wird, dürfen angesetzt werden, soweit sie auf den Zeitraum der Herstellung entfallen; in diesem Falle gelten sie als Herstellungskosten des Vermögensgegenstands.[…][1]

2.1.3 Einlagewert

Güter des Anlagevermögens, welche aus dem Privatvermögen in das Betriebsvermögen überführt werden, sind mit dem *Teilwert* oder mit dem Restbuchwert (fortgeführte Anschaffungskosten) erstmalig in der Bilanz zu erfassen.

Der Teilwert findet sich im § 6 EStG[2] definiert:

§ 6 EStG – Bewertung

(1) Für die Bewertung der einzelnen Wirtschaftsgüter […] gilt das Folgende:

1. […] [1]Teilwert ist der Betrag, den ein Erwerber des ganzen Betriebs im Rahmen des Gesamtkaufpreises für das einzelne Wirtschaftsgut ansetzen würde; dabei ist davon auszugehen, dass der Erwerber den Betrieb fortführt. […][2]

Beim vorgenannten Teilwert handelt es sich also um einen Schätzwert, der möglichst realistisch zu ermitteln und erfassen ist.

Auch hierzu ein Beispiel zum besseren Verständnis:

Beispiel „Einlagewert eines Anlagegutes"

Unternehmer U (bilanzierender und vorsteuerabzugsberechtigter Schreiner) hat sich vor zwei Jahren ein neues Fahrrad gekauft, welches er zukünftig überwiegend betrieblich nutzen möchte. Der Teilwert beträgt 500,00 EUR, was ihm ein Gutachter schriftlich bestätigt.

U hat das Fahrrad mit dem Einlagewert (Zugangswert) in Höhe von 500,00 EUR zu aktivieren und für die verbleibende Nutzungsdauer abzuschreiben. Die Vorsteuer kann U nicht mehr geltend machen, da er das Fahrrad als Nichtunternehmer aus seinem Privatvermögen in seinen Betrieb eingelegt hat.

2.1.4 Preisnachlässe

Preisnachlässe, die bei Kauf von Anlagegütern in Anspruch genommen werden, sind im Zugangsjahr von den Anschaffungskosten in Abzug zu bringen. Sie mindern die Bemessungsgrundlage für die Abschreibung. Erhaltene Preisnachlässe (bei Anlagegütern) dürfen nicht insgesamt als Ertrag im Zugangsjahr erfasst werden. Die Preisnachlässe sind – aufgrund der Minderung der Anschaffungskosten – über die Dauer der Nutzungsdauer zu verteilen. Würden die Preisnachlässe im Jahr des Erwerbs insgesamt als Ertrag gebucht, so würde der Käufer gegen das Vorsichtsprinzip – insbesondere des Realisationsprinzips – verstoßen. Beim Realisationsprinzip handelt es sich um eine Ausprägung des handelsrechtlichen Vorsichtsprinzips. Hiernach dürfen am Bilanzstichtag nicht realisierte Gewinne nicht ausgewiesen werden.

In diesem Kapitel werden nun folgende Preisnachlässe anhand eines Beispiels betrachtet: Rabatte, Boni und Skonti.

2.1.4.1 Rabatt

Beim *Rabatt* handelt es sich um einen sofort abzugsfähigen Preisnachlass. Diese Art des Preisnachlasses kann für viele Angelegenheiten vom Verkäufer gewährt werden (z. B. Treuerabatt, Personalrabatt).

Zum besseren Verständnis nun ein Beispiel:

Beispiel „Rabatt"

Unternehmer U (vorsteuerabzugsberechtigter und buchführungspflichtiger Produzent von Elektromotoren) kauft am 12.10.00 eine betriebliche

Maschine für brutto 142.800,00 EUR (inkl. 19 % USt = 22.800,00 EUR). Diese Maschine wird nach Lieferung sofort ins Anlagevermögen gebucht. U erhält als treuer Kunde vom Lieferanten L einen *Rabatt* in Höhe von 4 %, da U bereits seine vierte Maschine bei L kauft.

U überlegt, welche Buchungssätze bei Kauf in seiner Buchhaltung zu erfassen sind und kommt nach kurzem Nachdenken zu folgendem Ergebnis:

Buchungsliste

Nr.	Soll	Haben	Betrag/EUR	Text
	Maschine		115.200,00	Kauf Maschine (120.000,00 EUR x 0,96)
	VoSt 19 %		21.888,00	Vorsteuer 19 % (115.200,00 EUR x 0,19)
		Kreditor L	137.088,00	Rabattierter Bruttoeinkaufspreis

Eine nachträgliche Korrektur der Umsatzsteuer ist nicht notwendig, da der Rabatt sofort in Abzug gebracht wurde. Das unterscheidet diese Art des Preisnachlasses von z. B. dem Skonto, welches im folgenden Abschnitt betrachtet wird.

2.1.4.2 Skonto

Bei *Skonto* handelt es sich um einen Preisnachlass, welcher nur in den Fällen gewährt wird, in denen der Käufer fristgerecht zahlt. Den Zahlungstermin setzt der Lieferant in der Rechnung oder im Vertrag fest. Der Rechnungsbetrag muss – um Skonto ziehen zu dürfen – spätestens am Fälligkeitstag in den Machtbereich des Lieferanten gelangen. Das geschieht beispielsweise, in dem der Betrag auf dem Geschäftskonto des Lieferanten spätestens am Fälligkeitstag eingeht und dieser über den Betrag verfügen kann. Ist der offene Rechnungsbetrag noch nicht am Fälligkeitstag in den Machtbereich des Lieferanten gelangt, kann dieser den Skontobetrag noch (nachträglich) einfordern. Ob er dieses dann tatsächlich umsetzt und evtl. das Risiko eingeht, den Kunden zu verlieren, ist von Fall zu Fall unterschiedlich.

Hierzu nun auch ein Beispiel zum besseren Verständnis:

Beispiel „Skonto"

Unternehmer U (vorsteuerabzugsberechtigter und buchführungspflichtiger Produzent von Elektromotoren) kauft eine betriebliche Maschine für brutto 142.800,00 EUR (inkl. 19 % USt), welche nach Lieferung an U direkt im Anlagevermögen erfasst wird. Bei rechtzeitiger Zahlung des Rechnungsbetrages darf U Skonto in Höhe von 3 % vom Gesamtkaufpreis in Abzug bringen.

Unternehmer U überlegt, welche Buchungssätze hier erforderlich sind. Er kommt zu folgendem Ergebnis:

<u>Buchungsliste</u>

Nr.	Soll	Haben	Betrag/EUR	Text
1.	Maschine		120.000,00	Kauf Maschine
	VoSt 19 %		22.800,00	Vorsteuer 19 %
		Kreditor L	142.800,00	Verb. Kauf Maschine
2.	Kreditor L		142.800,00	Verb. Kreditor L
		Maschine	3600,00	3 % von 120.000,00 EUR
		VoSt 19 %	684,00	3 % von 22.800,00 EUR
		Bank	138.516,00	97 % von 142.800,00 EUR Zahlung

▶ Skonto darf erst bei rechtzeitiger Zahlung in Abzug gebracht werden; hierbei ist auch zu beachten, dass die Umsatz- bzw. Vorsteuer zu korrigieren ist.

2.1.4.3 Bonus

Der *Bonus* gehört zu den <u>nachträglich gewährten Preisnachlässen</u>. Auch hier sind die Anschaffungskosten um den erhaltenen Bonus zu kürzen. Dies bedeutet – ebenso wie bei den beiden vorgenannten Preisnachlässen – eine Reduzierung der Bemessungsgrundlage für die Abschreibung.

Beispiel „Boni"

Unternehmer U kauft am 12.10.00 eine betriebliche Maschine für netto 100.000,00 EUR (zzgl. 19 % USt). Gebucht wird diese Maschine ins Anlagevermögen. Unternehmer U zahlte die Rechnung in Höhe von 119.000,00 EUR brutto mit Banküberweisung. Am 20.12.00 erhält U vom Lieferanten L eine *Bonusgutschrift* in Höhe von 2 % des Kaufpreises der aktuellen Maschine, da er mittlerweile bereits drei Maschinen bei L gekauft hat.

Der Bonus als nachträglicher Preisnachlass muss wie folgt (oder ähnlich) gebucht werden:

<u>Buchungsliste</u>

Nr.	Soll	Haben	Betrag/EUR	Text
	Kreditor L		2380,00	119.000 EUR x 2 %
		Erhaltener Bonus 19 % bzw. Maschine	2000,00	
		VoSt 19 %	380,00	

▶   Auch beim Bonus ist die Umsatzsteuer bzw. Vorsteuer zu korrigieren.

2.2 Folgebewertung

Bei einer <u>Folgebewertung</u> handelt es sich um einen Vorgang, bei dem abnutzbare Anlagegüter nach der Erstbewertung (Zugangsbewertung) abgeschrieben und hierdurch im Wert gemindert werden. Die Abschreibung kann <u>plan- oder außerplanmäßig</u> sein. Diese beiden Möglichkeiten werden in Abschn. 2.2.1 „Abnutzbare Güter und die planmäßige Abschreibung" und in Abschn. 2.2.4 „Außerplanmäßige Abschreibung" anhand von Beispielen erläutert.

Es gibt jedoch auch Anlagegüter, welche von der zeitlichen Nutzungsdauer nicht eingeschränkt sind. Hier entspricht die Folgebewertung häufig der Erstbewertung. Anders wäre dies, wenn z. B. der Wert eines ursprünglich nicht abnutzbaren Gutes dauerhaft gesunken wäre.

§ 253 HGB[3] beinhaltet wesentliche Aspekte zur plan- und außerplanmäßigen Abschreibung:

§ 253 HGB – Zugangs- und Folgebewertung

(1) Vermögensgegenstände sind höchstens mit den Anschaffungs- oder Herstellungskosten, vermindert um die Abschreibungen nach den Absätzen 3 bis 5, anzusetzen.[…]

(3) Bei Vermögensgegenständen des Anlagevermögens, deren Nutzung zeitlich begrenzt ist, sind die Anschaffungs- oder die Herstellungskosten um planmäßige Abschreibungen zu vermindern. Der Plan muss die Anschaffungs- oder Herstellungskosten auf die Geschäftsjahre verteilen, in denen der Vermögensgegenstand voraussichtlich genutzt werden kann. […] Ohne Rücksicht

darauf, ob ihre Nutzung zeitlich begrenzt ist, sind bei Vermögensgegenständen des Anlagevermögens bei voraussichtlich dauernder Wertminderung außerplanmäßige Abschreibungen vorzunehmen […][3].

2.2.1 Abnutzbare Güter und die planmäßige Abschreibung

Zu den <u>abnutzbaren Gütern</u>, also den Vermögensgegenständen, die <u>zeitlich begrenzt nutzbar</u> sind, gehören beispielsweise: Gebäude, Pkw, Lkw, Betriebs- und Geschäftsausstattung, Betriebsvorrichtungen.

Sämtliche abnutzbaren Anlagegüter werden über die Laufzeit der Nutzungsdauer, die der <u>AfA-Tabelle</u> zu entnehmen ist, *planmäßig abgeschrieben.*

▶   Bei einer Abschreibung werden die Anschaffungs- oder Herstellungskosten oder der Einlagewert über die Laufzeit der Nutzungsdauer verteilt.

Die Abschreibung ist <u>nicht freiwillig</u>, sondern <u>muss</u> zwingend vorgenommen werden. Der Grund hierfür liegt z. B. im handelsrechtlichen Vorsichtsprinzip: Vermögen muss eher niedriger bewertet werden („Niederstwertprinzip"); Schulden müssen höher bewertet werden („Höchstwertprinzip"). Das <u>handelsrechtliche Vorsichtsprinzip</u> sorgt dafür, dass fremde Dritte vor falschen Informationen in der Bilanz geschützt werden (sollen).

Der nach Abzug der Abschreibung verbleibende Betrag wird als „fortgeführte Anschaffungs-" oder „fortgeführte Herstellungskosten" oder als „Restbuchwert" bezeichnet.

▶   AfA (steuerlicher Begriff) steht für Absetzung für Abnutzung. Die Abschreibung ist ein handelsrechtlicher Fachbegriff und bezeichnet den gleichen Wertminderungsvorgang.

Zur planmäßigen Abschreibung gehört die lineare und (steuerlich seit 01.01.2011 für Neuinvestitionen nicht mehr zulässige) degressive Abschreibung. Beide Methoden werden im Folgenden anhand eines Beispiels erläutert.

Lineare Abschreibung

Bei der *linearen Abschreibung* werden die Anschaffungs- bzw. Herstellungskosten oder der Einlagewert gleichmäßig über die Laufzeit der Nutzungsdauer verteilt. Hiermit wird vermieden, dass im Zugangsjahr die gesamten Kosten für den Erwerb oder Herstellung eines Anlagegutes sofort im Aufwand erfasst und das betriebliche Ergebnis um 100 % der Anschaffungs- oder Herstellungskosten oder des Einlagewertes geschmälert wird.

Die betriebsgewöhnliche Nutzungsdauer eines abnutzbaren Anlagegutes kann der aktuellen AfA-Tabelle entnommen werden. Eine längere Abschreibung als die dort vorgesehene Nutzungsdauer ist aus Gründen der Vorsicht nicht möglich. Eine kürzere Abschreibungsdauer als diejenige, die in der AfA-Tabelle vorgesehen ist, wäre denkbar. Allerdings sollte hier ein Gutachten o. ä. vorgelegt werden können, welches beweist, dass das Anlagegut tatsächlich eine niedrigere Nutzungsdauer als die in der AfA-Tabelle ausgewiesene besitzt.

Zum besseren Verständnis nun ein Beispiel:

Beispiel „Lineare Abschreibung"

Unternehmer U kauft einen betrieblichen Pkw für netto 60.000,00 EUR am 02.01.00. Die betriebsgewöhnliche Nutzungsdauer beträgt laut AfA-Tabelle sechs Jahre. Unternehmer U, der den Pkw seinem Anlagevermögen zuführt, schreibt diesen linear ab:

	Vorgang	Berechnung	EUR
	02.03.00 Kauf Pkw		60.000,00
./.	AfA 00	60.000,00 EUR/6 Jahre = 10.000,00 EUR pro rata temporis (zeitanteilige Abschreibung): 10.000,00 EUR/12 × 10 = 8333,33 EUR	8334,00
=	Restbuchwert 31.12.00		51.666,00
./.	AfA 01		10.000,00
=	Restbuchwert 31.12.01		41.666,00
./.	AfA 02		10.000,00
=	Restbuchwert 31.12.02		31.666,00
./.	AfA 03		10.000,00
=	Restbuchwert 31.12.03		21.666,00
./.	AfA 04		10.000,00
=	Restbuchwert 31.12.04		11.666,00

	Vorgang	Berechnung	EUR
./.	AfA 05		10.000,00
=	Restbuchwert 31.12.05		1166,00
./.	AfA 06 (Rest)	2 Monate	1166,00
=	Restbuchwert 31.12.06		**0,00**

▶ Es kann auch bis auf einen Erinnerungswert in Höhe von 1,00 EUR abgeschrieben werden.

Degressive Abschreibung

Bei der *degressiven Abschreibung* handelt es sich um eine Abschreibungsmethode, die man auch als „Restwert"-AfA bezeichnet wird, da die Abschreibungswerte von Jahr zu Jahr fallen. Sie werden stets vom jeweiligen Restwert ermittelt.

▶ Die degressive Abschreibung ist steuerlich seit 01.01.2011 nicht mehr zulässig. Sie gilt somit nicht mehr für Neuinvestitionen, sondern nur noch für Altinvestitionen, die bis spätestens 31.12.2010 angeschafft oder hergestellt und degressiv abgeschrieben wurden.

Zum besseren Verständnis nun ein Beispiel:

Beispiel „Degressive Abschreibung

Unternehmer U kauft einen betrieblichen Pkw für netto 60.000,00 EUR am 02.01.00 ein. Die betriebsgewöhnliche Nutzungsdauer beträgt laut AfA-Tabelle sechs Jahre. Unternehmer U, der den Pkw seinem Anlagevermögen zuführt, schreibt diesen degressiv ab:

	Vorgang	Berechnung	EUR
	02.01.00 Kauf Pkw		60.000,00
./.	AfA 00	100 %/6 Jahre = 16,67 %/Jahr; 16,67 %/Jahr x 2,5 = 41,67 %, aber max. 25 %(!)	15.000,00
=	Restbuchwert 31.12.00		45.000,00
./.	AfA 01	25 % x 45.000,00 EUR	11.250,00
=	Restbuchwert 31.12.01		33.750,00
./.	AfA 02	25 % x 33.750 EUR = 8437,50 EUR ger.	8438,00
=	Restbuchwert 31.12.02		25.312,00

	Vorgang	Berechnung	EUR
./.	AfA 03	25 % x 25.312,00 EUR =	6328,00
=	Restbuchwert 31.12.03		18.984,00
./.	AfA 04	25 % x 18.984,00 EUR =	4746,00
=	Restbuchwert 31.12.04		14.238,00
./.	AfA 05	Restwert	14.238,00
=	Restbuchwert 31.12.05		0,00

▶ Im letzten Jahr der Nutzungsdauer ist der gesamte Restwert als Abschreibung in den Aufwand zu buchen.

Auch hier ist alternativ die Abschreibung bis auf 1,00 EUR Erinnerungswert erlaubt.

2.2.2 Nachträgliche Anschaffungskosten

Nachträgliche Anschaffungskosten sind Kosten, die nach einem entgeltlichen Erwerb eines Anlagegutes entstehen und auf das entsprechende Anlagekonto gebucht werden. Dieser Betrag erhöht die Bemessungsgrundlage für die Abschreibung und wird so behandelt, als wäre er zu Beginn des Jahres angefallen (R 7.4 (9) EStR). Damit wird vermieden, dass zwei Abschreibungsreihen entstehen.

Zum besseren Verständnis ein Beispiel:

Beispiel „Nachträgliche Anschaffungskosten"
Unternehmer U lässt einen beweglichen Kran auf seinem betrieblichen Pkw anbringen. Dieser Vorgang findet statt am 15.06.01. Der Preis beläuft sich netto auf 1200,00 EUR. Unternehmer U berechnet die Abschreibung (lineare Methode) für die Laufzeit der Nutzungsdauer von 6 Jahren wie folgt:

	Vorgang	Berechnung	EUR
	03.01.00 Kauf Pkw		60.000,00
./.	AfA 00	60.000,00 EUR/6 Jahre = 10.000,00 EUR	10.000,00
=	Restbuchwert 31.12.00	vorläufig	50.000,00
+	Anbringung Kran (vom 15.06.01)		1200,00

	Vorgang	Berechnung	EUR
=	Neuer Restbuchwert 31.12.00		<u>51.200,00</u>
./.	AfA 01	51.200,00 EUR/5 Jahre = 10.240,00 EUR/Jahr	<u>10.240,00</u>
=	Restbuchwert 31.12.01		40.960,00
./.	AfA 02		<u>10.240,00</u>
=	Restbuchwert 31.12.02		30.720,00
./.	AfA 03		<u>10.240,00</u>
=	Restbuchwert 31.12.03		20.480,00
./.	AfA 04		<u>10.240,00</u>
=	Restbuchwert 31.12.04		10.240,00
./.	AfA 05		<u>10.240,00</u>
=	Restbuchwert 31.12.05		**0,00.**

2.2.3 Nicht abnutzbare Güter

Zu den *nicht abnutzbaren Gütern* gehören z. B. Grundstücke oder Rechte. Diese werden mit dem <u>Zugangswert</u> (Anschaffungskosten) in der Bilanz aktiviert und in Folge wird dieser Wert in den Bilanzen so lange beibehalten, bis das Anlagegut wieder entnommen oder veräußert wird. Auch ist es denkbar, dass eine außerplanmäßige Abschreibung aufgrund eines unvorhergesehenen Ereignisses erfolgt. Diese wird im folgenden Abschnitt erläutert.

2.2.4 Außerplanmäßige Abschreibung

Bei der *außerplanmäßigen Abschreibung* handelt es sich um eine <u>Wertminderungsmethode</u>, die in den Situationen angewendet wird, in denen ein unvorhergesehenes Ereignis (z. B. Unwetter, Wasserschaden, Unfall, Explosion) den Wert eines <u>abnutzbaren oder nicht abnutzbaren</u> Anlagegutes <u>dauerhaft mindert</u>.

▶ Die außerplanmäßige Abschreibung wird im Anschluss an die planmäßige Abschreibung vorgenommen.

Zum besseren Verständnis hierzu ein Beispiel:

Beispiel „Außerplanmäßige Abschreibung"

Unternehmer U kauft am 12.01.00 einen betrieblichen Pkw für 60.000,00 EUR netto. Das Fahrzeug wird linear über 6 Jahre abgeschrieben. Ende des Jahres 02 wird das Fahrzeug durch einen Auffahrunfall so stark beschädigt, dass der Wert dauerhaft auf 24.000,00 EUR gesunken ist. Dieses wird schriftlich von einem Gutachter bestätigt.

Unternehmer U stellt den Abschreibungsplan wie folgt auf:

	Vorgang	Berechnung	EUR
	12.01.00 Kauf Pkw		60.000,00
./.	AfA 00	60.000,00 EUR/6 Jahre = 10.000,00 €	10.000,00
=	Restbuchwert 31.12.00		50.000,00
./.	AfA 01		10.000,00
=	Restbuchwert 31.12.01		40.000,00
./.	AfA 02		10.000,00
=	Restbuchwert vorläufig		30.000,00
./.	AfA außerplanmäßig	30.000,00 EUR ./. 24.000,00 EUR = 6000,00 EUR	6000,00
=	Restbuchwert 31.12.02		**24.000,00**

▶ Fällt der Grund für eine dauerhafte Wertminderung weg, so ist eine Zuschreibung (maximal) bis zum Restbuchwert vorzunehmen.

2.2.5 Sonderabschreibung nach § 7 g EStG

Eine *Sonderabschreibung* nach § 7 g EStG[4] ist neben der planmäßigen Abschreibung eine zusätzliche Wertminderungsmöglichkeit von kleinen und mittleren Betrieben, um zukünftige Investitionen finanziell schneller realisieren zu können. Durch diese mögliche zusätzliche Abschreibung wird das betriebliche Ergebnis im Voraus (also vor Anschaffung der Neuinvestition) und somit auch die Steuerschuld gemindert.

§ 7 g EStG – Investitionsabzugsbeträge und Sonderabschreibungen zur Förderung kleiner und mittlerer Betriebe

(5) Bei abnutzbaren beweglichen Wirtschaftsgütern des Anlagevermögens können [...] im Jahr der Anschaffung oder Herstellung und in den vier folgenden Jahren neben den Absetzungen für Abnutzung [...] Sonderabschreibungen bis zu insgesamt 20 % der Anschaffungs- oder Herstellungskosten in Anspruch genommen werden [4].

Quellenverzeichnis

Bundesministerium der Justiz und für Verbraucherschutz:

1. https://www.gesetze-im-internet.de/hgb/__255.html; Abruf am 25.06.2017
2. https://www.gesetze-im-internet.de/estg/__6.html; Abruf am 26.06.2017
3. https://www.gesetze-im-internet.de/hgb/__253.html; Abruf am 27.06.2017
4. https://www.gesetze-im-internet.de/estg/__7g.html; Abruf am 28.06.2017

Besonderheiten im Anlagevermögen 3

Zu den *Besonderheiten im Anlagevermögen* gehören beispielsweise die Gruppe der Geringwertigen Wirtschaftsgüter (GWG), die Anlagen im Bau und Anzahlungen auf Güter des Anlagevermögens. Weitere Themen werden in diesem Zusammenhang nicht betrachtet, da sie den Rahmen dieser Lektüre sprengen würden.

3.1 Geringwertige Wirtschaftsgüter

Geringwertige Wirtschaftsgüter (kurz: GWG) gehören zu den beweglichen und abnutzbaren Gütern des Anlagevermögens, die ihrer Funktion nach selbstständig nutzbar sind und bestimmte Betragsgrenzen nicht überschreiten. Beispiele für GWG sind: Handy, Laptop, Schreibtischlampe, Stuhl u. a.

Hinsichtlich der Abschreibung dieser speziellen Güter wird unterschieden in die Methode der Sofortabschreibung und der Sammelpostenmethode.

3.1.1 Sofortabschreibungsmethode

Die Sofortabschreibung eines Geringwertigen Wirtschaftsgutes ist definiert im § 6 (2) EStG[6]:

§ 6 EStG – Bewertung

[…] (2) 1) Die Anschaffungs- oder Herstellungskosten […] von abnutzbaren beweglichen Wirtschaftsgütern des Anlagevermögens, die einer selbstständigen Nutzung fähig sind, können im Wirtschaftsjahr der Anschaffung, Herstellung oder Einlage des Wirtschaftsguts oder der Eröffnung des Betriebs

© Springer Fachmedien Wiesbaden GmbH 2017
K. Nickenig, *Betriebliches Anlagevermögen,* essentials,
DOI 10.1007/978-3-658-19096-5_3

in voller Höhe als Betriebsausgaben abgezogen werden, wenn die Anschaffungs- oder Herstellungskosten, vermindert um einen darin enthaltenen Vorsteuerbetrag [...] für das einzelne Wirtschaftsgut 410 EUR nicht übersteigen. 2) Ein Wirtschaftsgut ist einer selbstständigen Nutzung nicht fähig, wenn es nach seiner betrieblichen Zweckbestimmung nur zusammen mit anderen Wirtschaftsgütern des Anlagevermögens genutzt werden kann und die in den Nutzungszusammenhang eingefügten Wirtschaftsgüter technisch aufeinander abgestimmt sind.[...][6]

Zum besseren Verständnis ein Beispiel:

Beispiel „GWG-Sofortabschreibung"

Unternehmer U kauft eine Schreibtischlampe für 300,00 EUR netto, die er betrieblich nutzen möchte. U weiß, dass es sich hierbei um ein Geringwertiges Wirtschaftsgut handelt, welches in einer Summe abgeschrieben und erfolgswirksam im betrieblichen Ergebnis erfasst werden kann (sofern der Steuerpflichtige sich für das laufende Jahr nicht für die Sammelpostenmethode entschieden hat).

	Vorgang	Berechnung	EUR
	12.05.00 Kauf Lampe		300,00
./.	AfA 00	GWG-Sofortabschreibung	300,00
=	Restbuchwert 31.12.00		**0,00**

▶ Es müssen für GWG zwischen 150,00 EUR bis 410,00 EUR gesonderte Aufzeichnungen oder eine Erfassung in der Buchhaltung erfolgen. Aufgrund des Zweiten Bürokratieentlastungsgesetzes (Mai 2017) wurde die Grenze, ab der aufgezeichnet werden muss, von 150,00 EUR auf 250,00 EUR angehoben. Eine zeitanteilige Abschreibung (pro rata temporis) gibt es bei der GWG-Sofortabschreibung nicht.

3.1.2 Sammelpostenmethode

Alternativ kann sich der Steuerpflichtige auch für die *Sammelpostenmethode* entscheiden, welche ebenfalls keine zeitanteilige Abschreibung kennt:

§ 6 EStG – Bewertung

(2a) 1) Abweichend [...] kann für die abnutzbaren beweglichen Wirtschaftsgüter des Anlagevermögens, die einer selbstständigen Nutzung fähig sind, im Wirtschaftsjahr der Anschaffung, Herstellung oder Einlage des Wirtschaftsguts oder der Eröffnung des Betriebs ein Sammelposten gebildet werden, wenn die Anschaffungs- oder Herstellungskosten, vermindert um einen darin enthaltenen Vorsteuerbetrag [...] für das einzelne Wirtschaftsgut 150 EUR, aber nicht 1000 EUR übersteigen. 2) Der Sammelposten ist im Wirtschaftsjahr der Bildung und den folgenden vier Wirtschaftsjahren mit jeweils einem Fünftel gewinnmindernd aufzulösen. 3) Scheidet ein Wirtschaftsgut [...] aus dem Betriebsvermögen aus, wird der Sammelposten nicht vermindert. 4) Die Anschaffungs- oder Herstellungskosten [...] von abnutzbaren beweglichen Wirtschaftsgütern des Anlagevermögens, die einer selbstständigen Nutzung fähig sind, können im Wirtschaftsjahr der Anschaffung, Herstellung oder Einlage des Wirtschaftsguts [...] in voller Höhe als Betriebsausgaben abgezogen werden, wenn die Anschaffungs- oder Herstellungskosten, vermindert um einen darin enthaltenen Vorsteuerbetrag [...] für das einzelne Wirtschaftsgut 150 EUR nicht übersteigen. 5) Die Sätze 1 bis 3 sind für alle in einem Wirtschaftsjahr angeschafften, hergestellten oder eingelegten Wirtschaftsgüter einheitlich anzuwenden.[...][1]

Hinweis: Auch hier wird der Betrag in Höhe von 250,00 EUR zukünftig den Wert von 150,00 EUR ersetzen (siehe Zweites Bürokratieentlastungsgesetz).

Folgende Darstellung soll diese Vorschrift etwas verdeutlichen:

Anschaffungskosten 0,00 – 150,00 EUR	Anschaffungskosten 150,01 – 1000,00 EUR	Anschaffungskosten > 1.000,00 EUR
Sofort abziehbare Betriebsausgaben	• „Poolbildung" auf dem Aktivkonto „Sammelposten GWG" • Abschreibung erfolgt über 5 Jahre (20 % pro Jahr) • Keine zeitanteilige Abschreibung • Konsequente Abschreibung des Kontos bis Ablauf der 5 Jahre, auch wenn GWG vor Ablauf ausscheidet (keine Einzelbewertung)	• „klassische" Aktivierung • Abschreibung lt. AfA-Tabelle • Einzelbewertung • Monatsgenaue Abschreibung (pro rata temporis) • Außerplanmäßige Abschreibung möglich

Zum besseren Verständnis ein Beispiel:

Beispiel „Sammelpostenmethode GWG"

Unternehmer U kauft eine Schreibtischlampe für 300,00 EUR netto, die er betrieblich nutzen möchte. U weiß, dass es sich hierbei um ein Geringwertiges Wirtschaftsgut handelt, welches im Rahmen der Sammelpostenmethode abgeschrieben werden kann (sofern der Steuerpflichtige sich für das laufende Jahr nicht für die Sofortabschreibungsmethode entscheidet).

	Vorgang	Berechnung	EUR
	12.05.00 Kauf Lampe		300,00
./.	AfA 00	300,00 EUR/5 Jahre = 60,00 €	<u>60,00</u>
=	Restbuchwert 31.12.00		**240,00**

3.2   Anlagen im Bau

Anlagen im Bau sind beispielsweise Geschäftsbauten, die zum Bilanzstichtag <u>noch nicht fertiggestellt</u> und <u>ihrer Funktion nach noch nicht genutzt</u> werden können, jedoch in der Bilanz auf der Aktivseite als Vermögen ausgewiesen werden müssen.

Diese Bauten dürfen erst ab dem Zeitpunkt abgeschrieben werden, wo sie ihrer Funktion nach nutzbar sind.

Zum besseren Verständnis ein Beispiel.

Beispiel „Anlagen im Bau"

Unternehmer U beauftragt Unternehmer K mit der Errichtung eines Parkhauses. Der erste Bauabschnitt ist am 13.10.00 vollendet. Die Abschlagszahlung durch U erfolgt per Banküberweisung am 12.11.00 in Höhe von 119.000,00 EUR (brutto, inkl. 19 % USt).

Die Schlussrechnung erhält U am 22.01.01 in Höhe von 357.000,00 EUR (inkl. 19 % USt) nach Berücksichtigung des bereits geleisteten Abschlags. Die Schlussrechnung beläuft sich demnach auf 400.000,00 EUR zzgl. 76.000,00 EUR USt. Sämtliche Rechnungen sind aus umsatzsteuerlicher Perspektive korrekt und berechtigen zum Vorsteuerabzug. V stellt jahresübergreifend folgende Buchungsliste auf:

Buchungsliste

Nr.	Soll	Haben	Betrag/€	Text
Buchung nach erstem Bauabschnitt (13.10.00)				
1.	Anlagen im Bau		100.000,00	Parkhaus 1. Bauabschnitt
	VoSt 19 %		19.000,00	Vorsteuer 19 %
		Bank	119.000,00	Zahlung Abschlag
Buchung nach zweitem (letztem) Bauabschnitt am 22.01.01				
2.	Geschäftsbauten		300.000,00	Parkhaus 2. Abschnitt
	VoSt 19 %		57.000,00	Vorsteuer 19 %
		Bank	357.000,00	Zahlung Restbetrag
3.	Geschäftsbauten	Anlagen im Bau	100.000,00	Umbuchung Anlagen im Bau

3.3 Anzahlungen auf Güter des Anlagevermögens

Die Anzahlungen auf Güter des Anlagevermögens werden – wie bei Anzahlungen z. B. auf Güter des Umlaufvermögens – zunächst erfolgsneutral auf einem Forderungskonto erfasst. Sofern eine umsatzsteuerlich korrekte Eingangsrechnung für das Anlagegut vorliegt, ist der Vorsteuerabzug zu dem Zeitpunkt möglich, wo die Rechnung vorliegt und eine Zahlung erfolgt.

Zum besseren Verständnis nun ein Beispiel:

Beispiel „Anzahlungen auf Güter des Anlagevermögens"
Unternehmer U kauft von Unternehmer R einen Pkw für 100.000,00 EUR netto zzgl. USt und leistet per Banküberweisung eine Anzahlung in Höhe von 11.900,00 EUR brutto. Den Restbetrag entrichtet er ebenfalls per Bank (zwei Wochen später).

U stellt folgende Buchungsliste auf, um den Sachverhalt besser verstehen zu können:

<u>Buchungsliste</u>

Nr.	Soll	Haben	Betrag/EUR	Text
Buchung bei Anzahlung:				
1.	Geleistete Anzahlungen		10.000,00	Anzahlung Pkw
	Vorsteuer 19 %		1900,00	Vorsteuer 19 %
		Bank	11.900,00	Überweisung Anzahlung
Buchung bei Erhalt der Eingangsrechnung:				
2.	Pkw		100.000,00	Kauf Pkw
	Vorsteuer 19 %		19.000,00	Vorsteuer 19 %
		Kreditor R	119.000,00	Kreditor R
Buchung der Korrektur:				
3.	Kreditor R		11.900,00	Umbuchung geleistete Anzahlung
		Geleistete Anzahlungen	10.000,00	Umbuchung Anzahlung netto
		Vorsteuer 19 %	1900,00	Umbuchung Vorsteuer 19 %
Buchung bei Restzahlung:				
4.	Kreditor R	Bank	107.100,00	Ausgleich Rechnung

Quellenverzeichnis

1. https://www.gesetze-im-internet.de/estg/__6.html; Abruf am 28.06.2017

Veräußerung von Anlagegütern 4

Güter, die aus dem Anlagevermögen entnommen werden, sind im Rahmen der Buchführung „auszubuchen". Das bedeutet, dass noch nicht verbrauchte AfA-Beträge als Anlagenabgang auf einem Aufwandskonto zu erfassen sind. Dieser Veräußerungsvorgang mit den erforderlichen Buchungen wird anhand eines Beispiels in diesem Kapitel erläutert.

Wenn also ein Anlagegut auf einem Aktivkonto (Anlagekonto) erfasst und im Falle der begrenzten Nutzbarkeit auch abgeschrieben wurde, ist bei Entnahme oder Veräußerung dieses Gutes, eine Ausbuchung – wie oben kurz erwähnt – vorzunehmen.

Hierfür wird zunächst der Restbuchwert des Anlagegutes im Veräußerungsjahr zum Veräußerungszeitpunkt ermittelt. Dieser errechnet sich, indem der Restbuchwert zu Beginn des Wirtschaftsjahres bis zum Monat der Veräußerung linear abgeschrieben wird. Der Restwert wird als Anlagenabgangswert netto auf ein Aufwandskonto gebucht. Damit ist das Anlagekonto ausgeglichen und das Anlagegut nicht mehr im Betriebsvermögen vorhanden.

Sofern der Veräußerungserlös höher ist als der Anlagenabgangswert, ergibt sich ein Veräußerungsgewinn. Ist jedoch der Anlagenabgangswert höher als der Veräußerungserlös, ist das Ergebnis ein Veräußerungsverlust.

Zum besseren Verständnis ein Beispiel:

Beispiel „Veräußerung von Anlagegütern"

Unternehmer U verkauft einen Pkw am 15.03.00 zu einem Nettowert in Höhe von 10.000,00 EUR. Der Anfangsbestand des Pkw zum 01.01.00 beläuft sich auf 16.000,00 EUR, die Abschreibung pro Jahr beträgt (linear) 6000,00 EUR.

U überlegt, welche Buchungssätze zu erstellen sind. Folgende Buchungsliste fertigt er an:

© Springer Fachmedien Wiesbaden GmbH 2017
K. Nickenig, *Betriebliches Anlagevermögen*, essentials,
DOI 10.1007/978-3-658-19096-5_4

Buchungsliste

Nr	Soll	Haben	Betrag/EUR	Text
Buchung zur Ermittlung des Restbuchwertes/Anlagenabgangswertes zum 15.03.00:				
1	AfA Pkw	Pkw	1000,00	6000,00 EUR/12*2 = 1000,00 EUR
Buchung des Anlagenabgangs am 15.03.00:				
2	Anlagenabgang (Aufwand)	Pkw	15.000,00	16.000,00 EUR./. 1000,00 EUR = 15.000,00 EUR
Buchung des Verkaufsvorgangs:				
3	Debitor		11.900,00	Verkauf Pkw
		Erlöse aus dem Verkauf von Anlagevermögen	10.000,00	Erlöse Verkauf Anlagegut
		Umsatzsteuer 19 %	1900,00	Umsatzsteuer 19 %

Der Veräußerungsverlust beläuft sich auf 10.000,00 EUR./.15.000,00 EUR = 5000,00 EUR, da der Anlagenabgangswert netto in Höhe von 15.000,00 EUR höher ist als der Veräußerungserlös netto.

Was Sie aus diesem *essential* mitnehmen können

- Einordnung und Aufbau des betrieblichen Anlagevermögens
- Zugangsbewertung und Bewertungsmaßstäbe
- Folgebewertung (planmäßige und außerplanmäßige Abschreibungen)
- Sonderabschreibungen nach § 7g EStG
- Geringwertige Wirtschaftsgüter und deren Abschreibung
- Anlagen im Bau
- Anzahlungen auf Güter des Anlagevermögen
- Veräußerung von Anlagegütern

© Springer Fachmedien Wiesbaden GmbH 2017
K. Nickenig, *Betriebliches Anlagevermögen*, essentials,
DOI 10.1007/978-3-658-19096-5

Wichtige Links

1. *Bundesfinanzministerium* http://www.bundesfinanzministerium.de/Web/DE/Home/home.html
2. *Bundesministerium der Justiz und für Verbraucherschutz:* kostenloser Download aktueller Gesetzestexte http://www.gesetze-im-internet.de/
3. *Bundeszentralamt für Steuern* http://www.bzst.de/DE/Home/home_node.html

© Springer Fachmedien Wiesbaden GmbH 2017
K. Nickenig, *Betriebliches Anlagevermögen,* essentials,
DOI 10.1007/978-3-658-19096-5